BRUNETTE
AU PAYS DES GLACES

Texte de Rachel Hitchings
Illustrations de Fabrice Bertolotto

ÉDITIONS DU MONT-BLANC
CATHERINE DESTIVELLE

Brunette, la chèvre des montagnes,
poussée par le goût de l'aventure,
galope vers les cimes à vive allure.
Loin au-dessus de son alpage, point d'herbe verte.
Le paysage n'a pas la même allure !
Sur la neige, sa foulée est des plus discrètes.
Au beau milieu du glacier, sur un pont de neige,
Brunette halète.
Elle est ébahie et des étoiles d'or brillent dans ses yeux noisette.

— Serais-je sur une autre planète ?...

Catastrophe !
La neige fraîche de la veille,
d'un blanc immaculé, dissimulait une crevasse.
Un grand souffle accompagne Brunette dans sa chute.

— Je ne sais pas voler !

La petite chèvre esquisse une grimace.
Sous elle, un tapis de neige se glisse.
L'atterrissage se fait au ralenti : seules ses pattes crissent.

— Mêêêêê ?

Brunette voit trente-six chandelles.
Elle est tombée au cœur d'un palais de glace.
Elle en est tout exaltée !
Les murs miroitent d'une blancheur veloutée.
Devant elle se dévoile une ribambelle de cristaux bleutés.

— Quels joyaux ! murmure-t-elle.

Mais un drame vient ternir cette beauté :
là, deux chaussures glacées
et un fusil à proximité.
Il y a longtemps, un chasseur a dû glisser,
et le glacier s'est refermé sur lui pour l'éternité !

— Mêêê... gémit Brunette, inquiète et tourmentée.

Les parois de la crevasse sont d'une telle hauteur
que la lumière les caresse à peine.
Elles en prennent des reflets d'un bleu céleste.
Brunette aperçoit tout là-haut un aigle qui tournoie.
Pourrait-elle devenir la proie
de ce rapace à la vue perçante ?

— Je tente ma chance, se dit-elle.
Grimpons cette paroi avec hardiesse.

En vain, car elle glisse !
La glace est aussi lisse qu'un ruban de soie.

— Est-ce un piège ou un cauchemar ?

— Mais non, la fée des neiges te protège !
siffle un chocard au bec jaune.
À une telle profondeur, tu es à l'abri de tout prédateur.
Voyons, nul ne plonge dans un puits sans fond, Brunette !
À l'exception, peut-être, d'une petite chèvre imprudente et distraite,
qui rêve de découvertes...

— Au premier abord, tu étais mon réconfort.
Mais que tu es moqueur !

À ces mots, l'oiseau prend son essor.

Notre intrépide chèvre se sent bien seule, et si petite...

— Y a-t-il le moindre espoir de fuite ?

Brunette sanglote et perd le moral.
La crevasse est monumentale !
Les aiguilles rocheuses se dressent, formidables,
mais hélas, inatteignables...

Soudain, elle découvre un tardigrade dans la glace :
minuscule animal, mais si tenace !

— On m'appelle l'ourson d'eau
parce que je niche dans ce cristal.
J'y vis déjà depuis une centaine d'années,
et jamais je n'ai songé à m'évader.

— Quel extraordinaire animal !
Ça alors, malgré le temps passé
dans cette atmosphère glaciale,
tu es toujours en forme ? Serais-tu un fantôme ?

— Je résiste aux plus rudes climats ;
je ne suis guère éphémère
et je me nourris de poussières.

— Nous n'avons pas le même appétit !
Mais, petit à petit, le froid m'engourdit aussi.

— Voyons, ne frémis pas.
Notre refuge brille de mille feux, d'un bleu ardent.
Profite de ce moment palpitant !

Un éclat de lumière illumine un passage secret.

— Un tunnel ! Quel bel itinéraire vers de nouveaux mystères.

— Attends un peu ! lui lance le tardigrade.
C'est une première : je voudrais voyager !
Emmène-moi tout au bout du pays des glaces,
là, vers la moraine où se déposent les rochers.

Brunette brûle d'envie d'explorer le glacier.

— Un, deux, trois, en avant !
Glissons vers l'inconnu !

Brunette réapparaît, toute gaie :

— Splendide, ce salon ! Quelle belle hauteur !
Tu avais raison, ourson d'eau, ici on ne peut être morose.
Tout cela est si grandiose.

— C'est un moulin, une crevasse arrosée
par l'eau de fonte du glacier,
l'interrompt son nouvel ami.
Un puits s'est ainsi creusé, agrandi, approfondi.
L'épaisseur de la glace témoigne du temps écoulé
depuis la naissance du glacier.
Tu vois, ce n'est vraiment pas le moment
de fondre d'anxiété !

Le son cristallin de l’écoulement de l’eau
se fait entendre, tel un flot de perles.
Soudain, la petite chèvre surprend, face à elle,
un géant !

— Qu’il semble puissant !
Il nous dévorera en un instant !
s’inquiète Brunette, d’un ton chevrotant.

— Mais, non ! C’est pourtant évident.
Ce miroir de glace est un farceur.
Il reflète tes peurs.

Alors elle rit de bon cœur en découvrant,
sur sa gauche, une impressionnante chèvre ailée !

— Ah ! Cet animal délirant est encore une de tes illusions...

Puis l'ourson d'eau et la petite chèvre
observent le ruisseau sous le glacier :

— C'est une bédière. Elle file en toute liberté.
Suivons-la !

La bédière serpente et forme de véritables galeries.
Vive, Brunette active le pas
à la recherche de nouveaux chenaux.
Mais voilà que notre petite chèvre est perdue.
Le cours d'eau se démultiplie !

— Je n'arrive pas à faire un choix : quelle voie suivre ?

— Essaie par ici ou par là... se moque l'ourson d'eau.
Mais tu verras que chacun de ces ruisseaux
te mènera au même endroit :
l'eau sort du front du glacier, en contrebas.

Au détour de cette bédière,
au creux d'une grotte de glace,
se cache un lac sous-glaciaire.
Le miroitement de l'eau éclabousse ses contours
d'un scintillement phosphorescent.

— Comme c'est exaltant ! s'émerveille Brunette.

— On pourrait s'y plaire jusqu'à la nuit des temps,
s'exclame le tardigrade.

— Reste donc avec moi dans cet univers extraordinaire.

— Si tu aimes ce lac,
fais de ses pourtours ton bivouac,
mais en solitaire.
Ourson d'eau, je te laisse au bord de ces eaux calmes.
Moi, les montagnes me réclament.
Mon enthousiasme est sans barrières.

— Adieu ! se disent les amis chers.

Au fur et à mesure que la petite chèvre progresse,
les séracs, ces monolithes de glace, craquent sans cesse.

— Il faut faire vite ! pense-t-elle.
C'est de mauvais augure !

C'est sûr, le glacier coule comme un fleuve.
Il avance lentement et se fissure.
Sa voûte cristalline projette des diamants très durs.
Coriace, Brunette résiste et les évite.
Mais ce monstre de glace l'attaque de plus belle.

— Comment m'évader ? s'écrie-t-elle, désemparée.

— Écoute, lui souffle une voix dans les parois enneigées,
scrute les profondeurs, surtout ne doute pas !
Au beau milieu de l'obscurité, une ouverture se fera jour,
et tu la trouveras !

C'est la puce des neiges qui lui montre la voie.

La petite chèvre s'élance, mais derrière elle, la glace casse.
Une succession de vibrations lui donne des frissons.
Brunette fonce à belle allure, par précaution.
Son intuition était bonne, une explosion résonne !
Elle échappe au piège et le dépasse.
La tempête cesse.
Lui succède un silence profond.
Brunette guette un rayon !

Agile, Brunette se faufile parmi les menhirs de glace.
Mais son apparition ne passe pas inaperçue.
De joie, un chamois acclame notre triomphante :

— Voilà une échappée belle !

— Mêêê oui ! s'écrie-t-elle.

La glace est vivante et si fascinante !

— D'ailleurs, regarde, elle est blanche en surface.
En revanche, en profondeur,
elle est d'un bleu pervenche.

Brunette frappe la glace de son sabot.

— Goûte, on dirait du champagne : elle pétille !

Les deux nouveaux complices trinquent,
heureux que Brunette ait sauvé sa pelisse !

Tandis que le chamois et la petite chèvre
se racontent leurs rêves,
les rayons du couchant arrosent les aiguilles.

Dans la même collection

La Chèvre des montagnes, Rachel Hitchings - Stéphanie Roux, 2019

285 route des Chavaux, 74310 Les Houches.
www.leseditionsdumontblanc.com

Conforme à la loi n° 49-956 du 16 juillet 1949
sur les publications destinées à la jeunesse.

ISBN : 978-236545-086-7

Dépôt légal : juillet 2020.

IMPRIM'VERT®

Achevé d'imprimer en France en juin 2020 par SEPEC, 01960 PERONNAS - 241322005I2